www.QuoraChinese.com

LIU BANG
BIOGRAPHY

刘邦传

中国历史名人传记

QING QING JIANG

江清清

PREFACE

I am excited to welcome you to the Chinese Biography series. In this series, we will discover lives of some of the most famous people from Chinese history. Each book will introduce a famous Chinese personality whose contributions were immense to shape China's future. The books in Biography series contain numerous lessons in Mandarin Chinese. We start with a brief introduction of the book in the preface (前言), a bit detailed introduction to the person, and continue to dig his life and relevant issues. Each book contains 6 to 10 chapters made of simple Chinese sentences. For the readers' convenience, a comprehensive vocabulary has been provided at the beginning of each chapter. The pinyin for the Chinese text is provided after the main text. Further, to enforce a deeper Chinese learning, the English interpretation of the Chinese text has been purposely excluded from the books. This would help the readers think deeply about the contents the way native Chinese do! In order to help the students of Mandarin Chinese remember important characters, words, long words, idioms, etc., these entities have been purposely repeated throughout the book, and across the books in the series. Taken together, the books in Biography series will tremendously help readers improve their Chinese reading skills.

If you have any questions, suggestions, and feedbacks, feel free to let me know in the review or comments.

You can find more about China and Chinese culture on my blog and Amazon homepage.

I blog at:

www.QuoraChinese.com

-Qing Qing

江清清

©2022 Qing Qing Jiang

All rights reserved.

MOST FAMOUS &

TOP INFLUENTIAL PEOPLE IN

CHINESE HISTORY

SELF-LEARN READING

MANDARIN CHINESE, VOCABULARY,

EASY SENTENCES,

HSK ALL LEVELS

(PINYIN, SIMPLIFIED CHARACTERS)

ACKNOWLEDGMENTS

I am a blogger. It has been a long and interesting journey since I started blogging quite a few years ago.

The blogging passion enabled me to write useful contents. In particular, I have been writing about China, and its culture.

My passion in writing was supported by my friends, colleagues, and most importantly, the almighty.

I thank everyone for constantly inspiring me in my life endeavours.

CONTENTS

PREFACE 2
ACKNOWLEDGMENTS 4
CONTENTS 5
LIFE (人物生平) 7
EARLY EXPERIENCES (早期经历) 10
MARRIED WITH LU ZHI (娶妻吕雉) 15
PEIXIAN UPRISING (沛县起兵) 22
THREE-POINT COVENANT (约法三章) 27
LIU BANG SELECTING VIRTUOUS PERSON (刘邦选贤) 37

前言

大家都知道，刘邦是汉朝的创始者。在中国历任的皇帝当中，刘邦也算得上是个传奇人物。因为刘邦是第一个平民皇帝，也就是农民出身，他能当上皇帝，都是他一步一步打出来的。在没有成为皇帝之前，你能想到他就只是个混混吗？他不爱学习，不爱劳动，偏爱美女，听起来是不是就跟个不学无术的混混一般。可以说，刘邦的前半生活的就像个地痞流氓一般，可能连他的父亲也没有想到，刘邦54岁那年，创立了新朝代，当上了至高无上的皇帝。

Dàjiā dōu zhīdào, liúbāng shì hàn cháo de chuàngshǐ zhě. Zài zhōngguó lìrèn de huángdì dāngzhōng, liúbāng yě suàndé shàng shìgè chuánqí rénwù. Yīnwèi liúbāng shì dì yī gè píngmín huángdì, yě jiùshì nóngmín chūshēn, tā néng dāng shàng huángdì, dōu shì tā yībù yībù dǎ chūlái de. Zài méiyǒu chéngwéi huángdì zhīqián, nǐ néng xiǎngdào tā jiù zhǐshì gè hùnhun ma? Tā bù ài xuéxí, bù ài láodòng, piān'ài měinǚ, tīng qǐlái shì bùshì jiù gēn gè bù xué wú shù de hùnhun yībān. Kěyǐ shuō, liúbāng de qiánbàn shēnghuó de jiù xiàng gè dìpǐ liúmáng yībān, kěnéng lián tā de fùqīn yě méiyǒu xiǎngdào, liúbāng 54 suì nà nián, chuànglìle xīn cháodài, dāng shàngle zhìgāowúshàng de huángdì.

LIFE (人物生平)

Liu Bang (刘邦, 256/247 BC-195 BC), born in a peasant family, was the founding emperor of the Han Dynasty (汉朝, 202 BC to 220 AD). He was a native of Pei County (沛县), located in the modern Feng County, Xuzhou City of Jiangsu Province (今江苏省徐州市丰县).

Since childhood, Liu Bang had a kind and caring personality. He liked to give things away. He was a simple, easygoing, and open-minded person. However, Liu Bang didn't like to work in the fields like his family did, so he was often reprimanded by his father, saying that he was not as good at work as his brother.

After the establishment of the Qin Dynasty (秦朝, 221 BC-207 BC), Liu Bang served as a village constable (亭长) in the Pei County.

After a peasant uprising, he gathered about 3,000 followers (子弟) to respond to the uprising. Subsequently, he captured Pei County, and called himself Pei Gong (沛公), head of the Pei County. With his administrative abilities, he went on to become the governor of the Dang prefecture (砀郡), located in the modern Suiyang County (睢阳县) of Shangqiu City, Henan Province (今河南省商丘市睢阳区).

As the time went by, Liu Bang became an outstanding statesman, strategist and military commander.

In the year 207 BC, the third year of the reign of second Qin Emperor Hu Hai (秦二世/胡亥, 230 BC-207 BC, reigned 210 BC-207 BC), Liu Bang led his army to Bashang (灞上) -- an important military location near Xianyang, and made Ying Ziying (嬴子婴) to surrender. Ying Ziying was the last ruler of the Qin Dynasty, he ruled just for 46 days. Hence, some scholars initially called Ying Ziying an emperor (皇帝), and later he was called the king of Qin (秦王), and historically, he was called the prince of Qin (王子婴).

Subsequently, Liu Bang abolished the harsh laws of the Qin Dynasty, and simplified the law in the form of Three-point Covenant (约法三章).

After the Hongmen Banquet (鸿门宴) in 206 BC, Liu Bang was named the King of Han (汉王) and ruled over Bashu (巴蜀) and Hanzhong (汉中).

Hongmen Banquet was an important event in Chinese history. Hongmen (鸿门) is located in the northeast of present-day Lintong, Shaanxi (今陕西临潼东北). Well, after the fall of the Qin Dynasty (206 BC), both Liu Bang, and Xiang Yu (项羽, 232 BC-202 BC)-- the overlord of Western Chu (西楚霸), became the leaders of two anti-Qin armies. They were both contending for hegemony. Hence, the battle of Chu and Han (楚汉之争, 206 BC-202 BC) broke out.

In 206 BC, Xiang Yu, led a large army to enter Hongmen, intending to kill Liu Bang. With the mediation of Xiang Yu's uncle Xiang Bo (项伯), Liu Bang personally went to Hongmen to meet Xiang Yu, and Xiang Yu held a banquet to treat Liu Bang. At the banquet, Xiang Yu's advisor Fan Zeng (范增) ordered Xiang Zhuang (项庄) to dance with his sword, waiting for an opportunity to assassinate Liu Bang. Afterwards, Liu Bang exploited the opportunity to use the toilet and fled back to the base camp. Later, Hongmen Banquet became a metaphor for a malicious banquet: a dinner party intended to kill the guest (s).

Liu Bang was a talented person. He was able to know people well, accepted advice with humility, and gave due respect to the merits of his subordinates. He actively organized the forces against Xiang Yu, and finally killed Xiang Yu, winning the battle between Chu and Han in 202 BC. Subsequently, he established the Han Empire (大汉, also known as the Western Han Dynasty 西汉), and set the capital at Chang'an (长安). In other words, Chu and Han competed for political hegemony after the collapse of the Qin Empire, Liu Bang defeated Xiang Yu, established the Han Dynasty, and proclaimed to be the emperor of the Han Dynasty.

After proclaiming emperor, Liu Bang promoted agriculture, restored the social economy, made people happy, and stabilized the rule of the imperial court. He also improved relations between the Han and Huns (汉匈关系). He made outstanding contributions to the development of the Han Empire and the unification of China.

In the twelfth year of the Han Dynasty (195 BC), Liu Bang was seriously injured when he was shot by a stray arrow in the crusade against a rebellion (英布叛乱).

Later, he became seriously ill and died in Chang'an in the same year. He was buried in Changling (长陵). Changling Mausoleum is located about 20 kilometers east of Xianyang City, Shaanxi Province (陕西省咸阳市).

Liu Bang was posthumously named Emperor Gao (高皇帝).

EARLY EXPERIENCES (早期经历)

1	刘邦	Liúbāng	Liu Bang (256-195 B.C.), the founding emperor of the Han Dynasty
2	出生	Chūshēng	Be born; birth
3	普通	Pǔtōng	Common; general; ordinary; plain
4	平民	Píngmín	The populace; the common people
5	百姓	Bǎixìng	Common people; people
6	关于	Guānyú	About; on; with regard to; concerning
7	民间	Mínjiān	Among the people; popular; folk; nongovernmental
8	流传	Liúchuán	Spread; circulate; hand down; pass current
9	有趣	Yǒuqù	Interesting; fascinating; amusing
10	故事	Gùshì	Story; tale; plot; old practice; routine
11	小便	Xiǎobiàn	Urinate; pass water; pee; empty one's bladder
12	头顶	Tóudǐng	Vertex; top; crown; skull
13	饱满	Bǎomǎn	Full; plump; well-stacked; flush
14	额头	Étóu	Forehead; brow
15	洒脱	Sǎtuō	Free and easy
16	活泼	Huópō	Active; full of life; lively; sprightly
17	开朗	Kāilǎng	Open and clear; clear up
18	玩耍	Wánshuǎ	Play; have fun; amuse oneself
19	年纪	Niánjì	Age
20	家里人	Jiālǐ rén	Family members; (my) wife

21	农活	Nónghuó	Farm work
22	不喜欢	Bù xǐhuān	Dislike
23	责骂	Zémà	Scold; rebuke; dress down
24	懒惰	Lǎnduò	Lazy; idle
25	干活	Gàn huó	Labor; work; work on a job
26	日后	Rìhòu	In the future; in the days to come
27	一事无成	Yīshì wúchéng	Without a single success; achieve nothing
28	还要	Hái yào	Even/still more; still want to
29	他的	Tā de	His; him
30	哥哥	Gēgē	Brother
31	学习	Xuéxí	Study; learn; emulate
32	当时	Dāngshí	Then; at that time
33	父亲	Fùqīn	Father
34	打赌	Dǎdǔ	Bet; wager
35	以后	Yǐhòu	After; later on; afterwards; later
36	本领	Běnlǐng	Ability; capability; capacity; faculty
37	虽然	Suīrán	Though; although
38	固定收入	Gùdìng shōurù	Fixed income; regular income
39	想法	Xiǎngfǎ	Think of a way; do what one can; try; idea; opinion; method
40	仰慕	Yǎngmù	Admire; look up to
41	经常	Jīngcháng	Often; everyday; daily; constantly
42	投入	Tóurù	Put into; throw into; input; investment in
43	他们的	Tāmen de	Their; theirs
44	跟着	Gēnzhe	Follow; in the wake of
45	游历	Yóulì	Travel for pleasure; travel; tour
46	见识	Jiànshì	Widen one's knowledge; enrich

			one's experience
47	学到	Xué dào	In acquiring
48	出卖	Chūmài	Offer for sale; sell
49	体力劳动	Tǐlì láodòng	Physical (or manual) labor
50	脑力	Nǎolì	Intellect; mental
51	看出	Kàn chū	Make out; perceive; find out; be aware of
52	有先见之明	Yǒu xiānjiàn zhīmíng	Farsighted; prescient; foretell
53	天天	Tiāntiān	Every day; daily; day in, day out
54	不满足	Bù mǎnzú	Discontent; not satisfied; dissatisfy
55	现状	Xiàn zhuàng	Present situation; current situation; status; existing circumstances
56	追求	Zhuīqiú	Seek; aspire; pursue; woo
57	境界	Jìngjiè	Boundary; extent reached; plane attained; state

Chinese (中文)

刘邦出生在一个普普通通的平民百姓家。关于刘邦的出生，民间还流传着一个有趣的故事。

刘邦从小便长得非同一般，他有着高高的头顶和饱满的额头，而且更为神奇的是他的左腿有七十二颗痣。刘邦的性格也十分洒脱，平时也是活泼开朗，爱与人玩耍。

但是等到刘邦年纪稍微大一点后，他的家里人便发现，刘邦不爱干农活，也不喜欢劳动。因为这事儿，他的父亲经常责骂他，说他太过懒惰，现在不爱干活，日后必将一事无成，还要刘邦多像他的哥哥学习点。刘邦当时还跟父亲打赌，看他和哥哥以后谁的本领大？

虽然刘邦不爱干活，也没有固定收入，但他是一个很有自己想法的人。他仰慕那些有才能的人，经常投入他们的门下。跟着他们在外游历，刘邦见识到了很多东西，也学到了很多东西。

这可比当时只会干活的人强多了，因为那些干活的人出卖的是体力劳动，而刘邦学到的是脑力知识。

从这里我们也可以看出刘邦有先见之明，他并没有和家里人一般干农活，天天过着日出而作日入而息的生活。他不满足于现状，而且追求更高的境界。

Pinyin (拼音)

Liúbāng chūshēng zài yīgè pǔ pǔtōng tōng de píngmín bǎixìng jiā. Guānyú liúbāng de chūshēng, mínjiān hái liúchuánzhe yīgè yǒuqù de gùshì.

Liúbāng cóngxiǎo biàn zhǎng dé fēi tóng yībān, tā yǒuzhe gāo gāo de tóudǐng hé bǎomǎn de étóu, érqiě gèng wèi shénqí de shì tā de zuǒ tuǐ yǒu qīshí'èr kē zhì. Liúbāng dì xìnggé yě shífēn sǎtuō, píngshí yěshì huópō kāilǎng, ài yǔ rén wánshuǎ.

Dànshì děngdào liúbāng niánjì shāowéi dà yīdiǎn hòu, tā de jiālǐ rén biàn fāxiàn, liúbāng bù ài gàn nónghuó, yě bù xǐhuān láodòng. Yīnwèi zhè shì er, tā de fùqīn jīngcháng zémà tā, shuō tā tàiguò lǎnduò, xiànzài bù ài gàn huó, rìhòu bì jiāng yīshìwúchéng, hái yào liúbāng duō xiàng tā dí gēgē xuéxí diǎn. Liúbāng dāngshí hái gēn fùqīn dǎdǔ, kàn tā hé gēgē yǐhòu shéi de běnlǐng dà?

Suīrán liúbāng bù ài gàn huó, yě méiyǒu gùdìng shōurù, dàn tā shì yīgè hěn yǒu zìjǐ xiǎngfǎ de rén. Tā yǎngmù nàxiē yǒu cáinéng de rén, jīngcháng tóurù tāmen de ménxià. Gēnzhe tāmen zàiwài yóulì, liúbāng jiànshì dàole hěnduō dōngxī, yě xué dàole hěnduō dōngxī.

Zhè kěbǐ dāngshí zhǐ huì gàn huó de rén qiáng duōle, yīnwèi nàxiē gàn huó de rén chūmài de shì tǐlì láodòng, ér liúbāng xué dào de shì nǎolì zhīshì.

Cóng zhèlǐ wǒmen yě kěyǐ kàn chū liúbāng yǒu xiānjiànzhīmíng, tā bìng méiyǒu hé jiālǐ rén yībān gàn nónghuó, tiāntiānguòzhe rì chū ér zuò rì rù ér xī de shēnghuó. Tā bù mǎnzú yú xiànzhuàng, érqiě zhuīqiú gèng gāo de jìngjiè.

MARRIED WITH LU ZHI (娶妻吕雉)

1	之所以	Zhī suǒyǐ	The reason why
2	因为	Yīnwèi	Because; for; on account of
3	当时	Dāngshí	Then; at that time
4	县令	Xiàn lìng	County magistrate
5	朋友	Péngyǒu	Friend
6	所以	Suǒyǐ	So; therefore; as a result
7	来到	Lái dào	Arrive; come
8	照应	Zhàoyìng	Look after; take care of; coordinate; correlate
9	大家	Dàjiā	Great master; authority
10	听说	Tīng shuō	Be told; hear of
11	于是	Yúshì	Thereupon; hence; consequently; as a result
12	很多	Hěnduō	A lot of; a great many of; a good many of
13	登门拜访	Dēngmén bàifǎng	Come on a visit to somebody's house; pay somebody a visit
14	讨好	Tǎohǎo	Ingratiate oneself with; fawn on; curry favor with; play up to
15	套近乎	Tàojìnhū	Cottoning up
16	举办	Jǔbàn	Conduct; hold; run
17	宴席	Yànxí	Banquet; feast
18	并且	Bìngqiě	And; also; in addition
19	规矩	Guījǔ	Rule; established practice; custom; well-behaved
20	贺礼	Hèlǐ	Gift
21	超过	Chāoguò	Exceed; outnumber; outstrip; pass
22	一千	Yīqiān	A thousand

23	坐堂	Zuòtáng	Sit on a case (of a magistrate); try a case in a law court; (of a shop assistant) attend to; (of a doctor invited) practice medicine at the pharmacy
24	以下	Yǐxià	Below; under
25	在当时	Zài dāngshí	At that time; in those days; at the time
26	可是	Kěshì	But; yet; however
27	数目	Shùmù	Number; amount
28	就算	Jiùsuàn	Even if; granted that
29	工资	Gōngzī	Salary; wages; remuneration; pay
30	别说	Bié shuō	Let alone
31	普通	Pǔtōng	Common; general; ordinary; plain
32	人家	Rénjiā	Household; other; another
33	热闹	Rènào	Lively; bustling with noise and excitement; boisterous
34	招待	Zhāodài	Receive; entertain; serve
35	一万	Yī wàn	Ten thousand
36	门童	Mén tóng	Doorman; bell boy; The Doorman
37	连忙	Liánmáng	Promptly; immediately; instantly; in a hurry
38	进去	Jìnqù	Go in; get in; enter; in
39	通报	Tōngbào	Circulate a notice; circular; bulletin; journal
40	震惊	Zhènjīng	Shock; amaze; astonish; alarm
41	亲自	Qīnzì	Personally; in person; oneself
42	迎接	Yíngjiē	Meet; welcome; greet; reception
43	毕竟	Bìjìng	After all; all in all; when all is said and done; in the final analysis
44	一个人	Yīgè rén	One

45	当官	Dāng guān	Fill an office; be an official
46	看看	Kàn kàn	Pretty soon; take a look
47	究竟	Jiùjìng	Outcome; what actually happened
48	人物	Rénwù	Figure; personage; person in literature; character
49	见到	Jiàn dào	See; meet; perceive
50	面相	Miàn xiàng	Face
51	觉得	Juédé	Feel; be aware; sense
52	日后	Rìhòu	In the future; in the days to come
53	必定	Bìdìng	Be bound to; be sure to; certainly; undoubtedly
54	出息	Chūxī	Promise; prospects; future
55	热情	Rèqíng	Enthusiasm; devotion; warmth
56	邀请	Yāoqǐng	Invite
57	一同	Yītóng	Together with; in the company of; together; at the same time and place
58	吃饭	Chīfàn	Eat; have a meal
59	不仅如此	Bùjǐn rúcǐ	Not only that; nor is this all
60	自己的	Zìjǐ de	Self
61	嫁给	Jià gěi	Marry off to (of women)
62	求之不得	Qiúzhī bùdé	Seek but fail to get; not able to find what one wants
63	成婚	Chénghūn	Get married
64	可能会	Kěnéng huì	Likely; may; may be
65	女儿	Nǚ'ér	Daughter; girl
66	是不是	Shì bùshì	Isn't it?; whether... or not
67	草率	Cǎoshuài	Careless; perfunctory; rash; haste
68	其实	Qíshí	Actually; in fact; as a matter of fact; really
69	当然	Dāngrán	As it should be; only natural;

			without doubt; certainly
70	这么多	Zhème duō	So many; so much; thus much
71	得出	Dé chū	Reach; obtain
72	这么	Zhème	So; such; this way; like this
73	胆量	Dǎnliàng	Courage
74	透过	Tòuguò	Transmission; trans-
75	看出	Kàn chū	Make out; perceive; find out; be aware of
76	潜在价值	Qiánzài jiàzhí	Intrinsic value
77	事实证明	Shìshí zhèngmíng	Proof by facts
78	看错	Kàn cuò	Mistake; misjudge

Chinese (中文)

吕后在历史上也是很有名的一位皇后，接下来我们来说一说刘邦是如何娶到这位能干的妻子的。

吕雉是吕公的女儿，因为在自己家那边待不下去了，好像是与人结下了仇怨，因此逃到了沛县，也就是刘邦所在的地方。

吕公之所以会逃到沛县，是因为他与当时沛县的县令是朋友，所以来到沛县的话，还能有人照应他。

所以吕公一到沛县，大家就听说了他与县令的关系，于是很多人登门拜访，为的就是讨好吕公，套一套近乎。

于是吕公在家里举办了宴席，并且定了个规矩，贺礼超过一千钱的坐堂上，一千钱以下的的坐堂下。

一千钱在当时可是一笔不小的数目，这么说，就算是一个县令，一年的工资也就一千钱，更别说普通人家了。

刘邦听说之后也来凑热闹。刘邦当时身上哪有什么钱，但是他直接对招待的人说：我出一万贺礼。连门童都非常吃惊，连忙进去通报告诉吕公。

吕公知道后也是非常震惊，亲自出来迎接。毕竟当时就刘邦一个人喊一万贺礼，其他一些当官的都没有出这么高。他倒是想看看这刘邦究竟是何人物。在见到了刘邦之后，看他的面相，就觉得他是个可造之材，日后必定有出息。

于是热情的邀请他一同吃饭，不仅如此，吕公还主动提出把自己的女儿嫁给他。刘邦当然是求之不得，在征得父母的同意之后，便和吕公的女儿吕雉成婚了。

有人可能会觉得，这吕公嫁女儿是不是太草率了一点。但其实吕公也有他的考虑，他当然知道刘邦是拿不出这么多钱的，一个无名小辈怎么可能拿得出这么多钱。但是他觉得他能喊出这一万贺礼，就说明刘邦具有胆量。他透过刘邦说的这句话，看出他这个人的潜在价值。事实证明，吕公也没有看错人。

Pinyin (拼音)

Lǚ hòu zài lìshǐ shàng yěshì hěn yǒumíng de yī wèi huánghòu, jiē xiàlái wǒmen lái shuō yī shuō liúbāng shì rúhé qǔ dào zhè wèi nénggàn de qīzi de.

Lǚ zhì shì lǚ gōng de nǚ'ér, yīnwèi zài zìjǐ jiā nà biān dài bù xiàqùle, hǎoxiàng shì yǔ rén jié xiàle chóuyuàn, yīncǐ táo dàole pèi xiàn, yě jiùshì liúbāng suǒzài dì dìfāng.

Lǚgōngzhī suǒyǐ huì táo dào pèi xiàn, shì yīnwèi tā yǔ dāngshí pèi xiàn de xiàn lìng shì péngyǒu, suǒyǐ lái dào pèi xiàn dehuà, hái néng yǒurén zhàoyìng tā.

Suǒyǐ lǚ gōng yī dào pèi xiàn, dàjiā jiù tīng shuōle tā yǔ xiàn lìng de guānxì, yúshì hěnduō rén dēngmén bàifǎng, wèi de jiùshì tǎohǎo lǚ gōng, tào yī tàojìnhū.

Yúshì lǚ gōng zài jiālǐ jǔbànle yànxí, bìngqiě dìngle gè guījǔ, hèlǐ chāoguò yīqiān qián de zuòtáng shàng, yīqiān qián yǐxià de de zuòtáng xià.

Yīqiān qiánzài dāngshí kěshì yī bǐ bù xiǎo de shùmù, zhème shuō, jiùsuàn shì yīgè xiàn lìng, yī nián de gōngzī yě jiù yīqiān qián, gèng bié shuō pǔtōng rénjiāle.

Liúbāng tīng shuō zhīhòu yě lái còurènào. Liúbāng dāngshí shēnshang nǎ yǒu shé me qián, dànshì tā zhíjiē duì zhāodài de rén shuō: Wǒ chū yī wàn hèlǐ. Lián mén tóng dōu fēicháng chījīng, liánmáng jìnqù tōngbào gàosù lǚ gōng.

Lǚ gōng zhīdào hòu yěshì fēicháng zhènjīng, qīnzì chūlái yíngjiē. Bìjìng dāngshí jiù liúbāng yīgè rén hǎn yī wàn hèlǐ, qítā yīxiē dāng guān de dōu méiyǒu chū zhème gāo. Tā dǎoshì xiǎng kàn kàn zhè liúbāng jiùjìng shì hé rénwù. Zài jiàn dàole liúbāng zhīhòu, kàn tā de miànxiàng, jiù juédé tā shìgè kě zào zhī cái, rìhòu bìdìng yǒu chūxī.

Yúshì rèqíng de yāoqǐng tā yītóng chīfàn, bùjǐn rúcǐ, lǚ gōng hái zhǔdòng tíchū bǎ zìjǐ de nǚ'ér jià gěi tā. Liúbāng dāngrán shì qiúzhībùdé, zài zhēng dé fùmǔ de tóngyì zhīhòu, biàn hé lǚ gōng de nǚ'ér lǚ zhì chénghūnle.

Yǒurén kěnéng huì juédé, zhè lǚ gōng jià nǚ'ér shì bùshì tài cǎoshuàile yīdiǎn. Dàn qíshí lǚ gōng yěyǒu tā de kǎolǜ, tā dāngrán zhīdào liúbāng shì ná bù chū zhème duō qián de, yīgè wúmíng xiǎobèi zěnme kěnéng ná dé chū zhème duō qián. Dànshì tā juédé tā néng hǎn chū zhè yī wàn hèlǐ, jiù shuōmíng liúbāng jùyǒu dǎnliàng. Tā tòuguò liúbāng shuō de zhè jù huà, kàn chū tā zhège rén de qián zài jiàzhí. Shìshí zhèngmíng, lǚ gōng yě méiyǒu kàn cuò rén.

PEIXIAN UPRISING (沛县起兵)

1	农民起义	Nóngmín qǐyì	Peasant uprising
2	说起	Shuō qǐ	Bring up; begin talking about; as for; with regard to
3	不满	Bùmǎn	Resentful; discontented; dissatisfied
4	暴政	Bào zhèng	Tyranny; despotic rule; tyrannical rule; tyranny of the government
5	多次	Duō cì	Many times; time and again; repeatedly; on many occasions
6	爆发	Bàofā	Erupt; burst; break out; blow up
7	起义	Qǐyì	Uprising; insurrection; revolt; stage an uprising
8	这时候	Zhè shíhòu	This time; at this point; At that moment
9	县令	Xiànlìng	County magistrate
10	配合	Pèihé	Coordinate; cooperate
11	不知道	Bù zhīdào	Have no idea; I don't know; No
12	当时	Dāngshí	Then; at that time
13	提出	Tíchū	Put forward; raise; project; advance
14	建议	Jiànyì	Propose; suggest; advise; recommend
15	原先	Yuánxiān	Former; original
16	流落	Liúluò	Wander about destitute; strand; lead a wandering life in poverty
17	召集	Zhàojí	Call together; convene
18	回来	Huílái	Return; come back; be back; go back; back
19	一举两得	Yījǔ liǎngdé	Shoot two hawks with one arrow; get a double advantage

www.QuoraChinese.com

20	壮大	Zhuàng dà	Strengthen; expand
21	力量	Lìliàng	Physical strength
22	其次	Qícì	Next; secondly; then
23	未知	Wèizhī	Unknown
24	于是	Yúshì	Thereupon; hence; consequently; as a result
25	等到	Děngdào	By the time; when
26	突然	Túrán	Sudden; abrupt; unexpected; suddenly
27	后悔	Hòuhuǐ	Regret; remorse; repent
28	造反	Zàofǎn	Rise in rebellion; rebel; revolt
29	到时候	Dào shíhòu	By the time; That time; in due course; at that time
30	局面	Júmiàn	Aspect; phase; situation; prospects
31	城门	Chéng mén	Gate
32	关闭	Guānbì	Close; shut; shut off; paralyze
33	提前	Tíqián	Shift to an earlier date; move up; bring forward; advance
34	趁机	Chènjī	Take advantage of the occasion; seize the chance
35	逃跑	Táopǎo	Run away; flee; escape; take flight
36	跑到	Pǎo dào	Run to
37	坐以待毙	Zuòyǐ dàibì	Await one's doom; sit passively for one's end; sit still and await destruction
38	妙招	Miàozhāo	Clever move
39	揭发	Jiēfā	Expose; unmask; bring to light; lay open
40	限令	Xiàn lìng	Order somebody to do something

			within a certain time
41	丑恶	Chǒu'è	Ugly; repulsive; hideous
42	嘴脸	Zuǐliǎn	Look; features; countenance
43	鼓动	Gǔdòng	Promote; tickle; actuate; agitate
44	不爽	Bù shuǎng	Not well; out of sorts; in a bad mood
45	体恤	Tǐxù	Understand and sympathize with; show solicitude for
46	百姓	Bǎixìng	Common people; people
47	民心	Mínxīn	Popular feelings; popular sentiments
48	迎接	Yíngjiē	Meet; welcome; greet; reception
49	推举	Tuījǔ	Elect; choose
50	头领	Tóulǐng	Header; headman
51	称谓	Chēngwèi	Appellation; title
52	带领	Dàilǐng	Lead; head; guide
53	广阔	Guǎngkuò	Vast; wide; spacious; expansive
54	舞台	Wǔtái	Stage; arena

Chinese (中文)

刘邦沛县起兵的故事，要从秦末的农民起义战争说起。秦末，由于老百姓不满秦的暴政，多次爆发了起义。其中最为名的便是陈胜吴广领导的农民起义。

这时候，沛县的县令也是想配合起义，但又不知道从何做起。当时的县吏萧何和曹参提出了一条建议。

他们认为县令应该把原先流落在外的人召集回来。这样做一举两得，首先能够壮大我们自身的力量，其次也能减少未知的风险。

于是这个任务便交给了刘邦，等到刘邦已经召集了百来号人的时候。县令又突然后悔了，他担心刘邦会造反，到时候更不好控制局面了。

于是县令把城门关闭，想要抓捕萧何和曹参。这两个人提前得到了消息，便趁机逃跑了。他们跑到城外告诉刘邦这个消息。

刘邦深知他们不能坐以待毙，于是他想出了一个妙招。他将一封信射进了城内，向老百姓们揭发了限令的丑恶的嘴脸，鼓动大家反抗。

其实老百姓们早就看这个县令不爽了，因为县令一点都不体恤百姓，也是失去了民心。于是老百姓们团结起来，杀了县令，开城门迎接刘邦。

因为刘邦有勇有谋，大家都推举刘邦为头领，沛公的称谓也由此而来。自此以后，刘邦便带领老百姓们走向更广阔的舞台。

Pinyin (拼音)

Liúbāng pèi xiàn qǐbīng de gùshì, yào cóng qín mò de nóngmín qǐyì zhànzhēng shuō qǐ. Qín mò, yóuyú lǎobǎixìng bùmǎn qín de bàozhèng, duō cì bàofāle qǐyì. Qízhōng zuìwéi míng de biàn shì chénshèng wúguǎng lǐngdǎo de nóngmín qǐyì.

Zhè shíhòu, pèi xiàn de xiànlìng yěshì xiǎng pèihé qǐyì, dàn yòu bù zhīdào cóng hé zuò qǐ. Dāngshí de xiàn lì xiāohé hé cáocān tíchūle yītiáo jiànyì.

Tāmen rènwéi xiàn lìng yīnggāi bǎ yuánxiān liúluò zàiwài de rén zhàojí huílái. Zhèyàng zuò yījǔliǎngdé, shǒuxiān nénggòu zhuàngdà wǒmen zìshēn de lìliàng, qícì yě néng jiǎnshǎo wèizhī de fēngxiǎn.

Yúshì zhège rènwù biàn jiāo gěile liúbāng, děngdào liúbāng yǐjīng zhào jí liǎo bǎi lái hào rén de shíhòu. Xiàn lìng yòu túrán hòuhuǐle, tā dānxīn liúbāng huì zàofǎn, dào shíhòu gèng bù hǎo kòngzhì júmiànle.

Yúshì xiàn lìng bǎ chéng mén guānbì, xiǎng yào zhuā bǔ xiāohé hé cáocān. Zhè liǎng gèrén tíqián dédàole xiāoxī, biàn chènjī táopǎole. Tāmen pǎo dào chéng wài gàosù liúbāng zhège xiāoxī.

Liúbāng shēn zhī tāmen bùnéng zuòyǐdàibì, yúshì tā xiǎng chūle yīgè miàozhāo. Tā jiāng yī fēng xìn shè jìnle chéngnèi, xiàng lǎobǎixìngmen jiēfāle xiàn lìng de chǒu'è de zuǐliǎn, gǔdòng dàjiā fǎnkàng.

Qíshí lǎobǎixìngmen zǎo jiù kàn zhège xiàn lìng bùshuǎngle, yīnwèi xiàn lìng yīdiǎn dōu bù tǐxù bǎixìng, yěshì shīqùle mínxīn. Yúshì lǎobǎixìngmen tuánjié qǐlái, shāle xiàn lìng, kāi chéng mén yíngjiē liúbāng.

Yīnwèi liúbāng yǒu yǒng yǒu móu, dàjiā dōu tuījǔ liúbāng wèi tóulǐng, pèigōng de chēngwèi yě yóu cǐ ér lái. Zì cǐ yǐhòu, liúbāng biàn dàilǐng lǎobǎixìngmen zǒuxiàng gèng guǎngkuò de wǔtái.

THREE-POINT COVENANT (约法三章)

1	秦朝	Qín cháo	Qin Dynasty
2	靠自己	Kào zìjǐ	On one's own; by oneself; on my own
3	人马	Rénmǎ	Forces; troops
4	投靠	Tóukào	Go and seek refuge with somebody; go and live as a dependent
5	项羽	Xiàngyǔ	Xiang Yu; the chief rival of Liu Bang
6	加盟	Jiāméng	Join; become a member of an alliance or union; ally oneself to; participate
7	队伍	Duìwǔ	Troops; army
8	势如破竹	Shìrú pòzhú	Easy; same as splitting bamboo; without any difficulty
9	一路上	Yī lùshàng	All the way; throughout the journey
10	招募	Zhāomù	Recruit; enlist
11	越来越强大	Yuè lái yuè qiángdà	From strength to strength; become stronger and stronger; go from strength to strength
12	硬是	Yìngshì	Simply; just; actually (accomplish something hard)
13	都城	Dūchéng	Capital (of a country); manor for a minister
14	统治者	Tǒngzhì zhě	Ruler; sovereign
15	没有什么	Méiyǒu shéme	Nothing the matter; nothing wrong

16	享乐	Xiǎnglè	Lead a life of pleasure; indulge in creature comforts
17	所到之处	Suǒ dào zhī chù	Wherever one goes
18	拥护	Yǒnghù	Support; uphold; endorse
19	民心	Mínxīn	Popular feelings; popular sentiments
20	无用	Wúyòng	Useless; of no use
21	投降	Tóuxiáng	Surrender; capitulate
22	县令	Xiàn lìng	County magistrate
23	名望	Míngwàng	Fame and prestige; good reputation; renown
24	语重心长	Yǔzhòng xīncháng	Offer weighty advice; sincere words and earnest wishes
25	他们说	Tāmen shuō	They said; they say;
26	专制	Zhuānzhì	Autocratic; despotic; autocracy
27	残暴	Cánbào	Savage; cruel and heartless; cruel and ferocious; ruthless
28	没有了	Méiyǒule	No; nothing; no more
29	既然	Jìrán	Since; as; now that
30	推翻	Tuīfān	Overthrow; overturn; topple
31	统治	Tǒngzhì	Rule; dominate; control; govern
32	一定会	Yīdìng huì	In for
33	在这里	Zài zhèlǐ	Here; Here it is; over here
34	郑重	Zhèngzhòng	Serious; solemn; earnest
35	杀人	Shārén	Kill a person; murder
36	偿命	Chángmìng	Pay with one's life; a life for a life
37	家庭背景	Jiātíng bèijǐng	Family background

#			
38	法律面前人人平等	Fǎlǜ miànqián rén rén píngděng	All people are equal before the law
39	伤人	Shāng rén	Inflict injuries; hurt somebody's feelings; injure the health; be harmful to health
40	判罪	Pànzuì	Declare guilty; convict
41	奖罚分明	Jiǎng fá fēnmíng	Keep strictly the rules for reward and punishment; be fair in meting out rewards or punishments
42	蓄意伤害	Xùyì shānghài	Malicious wounding; malicious injury
43	判处	Pànchǔ	Sentence; condemn
44	罪责	Zuìzé	Responsibility for an offence
45	偷窃	Tōuqiè	Steal; pilfer; pilferage
46	每个人	Měi gèrén	Everyone; all round
47	劳动成果	Láodòng chéngguǒ	Fruits of somebody's labor; product of somebody's labor
48	不劳而获	Bùláo'érhuò	Get without any labor; an unearned income
49	凭借	Píngjiè	Rely on; depend on
50	承诺	Chéngnuò	Promise to do something; promise to undertake
51	顺利地	Shùnlì dì	Smoothly; successfully;
52	信服	Xìnfú	Completely accept; be convinced
53	个个	Gè gè	Each and every one; all
54	留下来	Liú xiàlái	Remain; stay behind; leave behind; entail
55	庇护	Bìhù	Shield; shelter; protect

Chinese (中文)

在沛县起义成功后，刘邦很快就拥有了几千人的队伍，势力也在不断壮大。但是刘邦深知，想要推翻秦朝的统治，仅仅靠自己这一点人马肯定是不够的，思来想去，刘邦打算投靠项羽。

有了项羽的加盟，刘邦的队伍势如破竹一般，一路上又招募了很多人，力量越来越强大，硬是一路杀到了都城附近。

当时的统治者秦王子婴见状害怕极了，他本就没有什么领导才能，只会享乐。这下看到刘邦势如破竹，所到之处都受到百姓的拥护，秦王知道自己已经失去了民心，再挣扎也无用了，所以选择了投降。

就这样，刘邦终于推翻了秦朝的统治。为了巩固统治，刘邦召集了各个县的县令，还把一些有名望的人一同叫过来，语重心长地跟他们说："从前那个专制，残暴的秦朝已经没有了，我既然推翻了秦的统治，便一定会对大家负责。在这里，我郑重的做出三个承诺：第一，杀人要偿命。不管你有什么家庭背景，法律面前人人平等。第二，伤人得判罪，我们讲究奖罚分明，如果蓄意伤害他人，会判处相应的罪责。第三，偷窃也要判罪，每个人的劳动成果都应该得到保护和尊重，所以那些想不劳而获的人也会收到处罚。"

刘邦凭借这三个承诺，顺利地得到了老百姓们的信服，大家都觉得刘邦是一个可以给他们幸福生活的人，便个个都拥护刘邦，希望他能留下来永远的庇护他们。

Pinyin (拼音)

Zài pèi xiàn qǐyì chénggōng hòu, liúbāng hěn kuài jiù yǒngyǒule jǐ qiān rén de duìwǔ, shìlì yě zài bùduàn zhuàngdà. Dànshì liúbāng shēn zhī, xiǎng yào tuīfān qín cháo de tǒngzhì, jǐnjǐn kào zìjǐ zhè yīdiǎn rénmǎ kěndìng shì bùgòu de, sī lái xiǎng qù, liúbāng dǎsuàn tóukào xiàngyǔ.

Yǒule xiàngyǔ de jiāméng, liúbāng de duìwǔ shìrúpòzhú yībān, yīlùshàng yòu zhāomùle hěnduō rén, lìliàng yuè lái yuè qiángdà, yìngshì yī lù shā dàole dūchéng fùjìn.

Dāngshí de tǒngzhì zhě qínwángzǐ yīng jiàn zhuàng hàipà jíle, tā běn jiù méiyǒu shé me lǐngdǎo cáinéng, zhǐ huì xiǎnglè. Zhè xià kàn dào liúbāng shìrúpòzhú, suǒ dào zhī chù dōu shòudào bǎixìng de yǒnghù, qín wáng zhīdào zìjǐ yǐjīng shīqùle mínxīn, zài zhēngzhá yě wúyòngle, suǒyǐ xuǎnzéle tóuxiáng.

Jiù zhèyàng, liúbāng zhōngyú tuīfānle qín cháo de tǒngzhì. Wèile gǒnggù tǒngzhì, liúbāng zhàojíle gège xiàn de xiàn lìng, hái bǎ yīxiē yǒu míngwàng de rén yītóng jiào guòlái, yǔzhòngxīncháng de gēn tāmen shuō:"Cóngqián nàgè zhuānzhì, cánbào de qín cháo yǐjīng méiyǒule, wǒ jìrán tuīfānle qín de tǒngzhì, biàn yīdìng huì duì dàjiā fùzé. Zài zhèlǐ, wǒ zhèngzhòng de zuò chū sān gè chéngnuò: Dì yī, shārén yào chángmìng. Bùguǎn nǐ yǒu shé me jiātíng bèijǐng, fǎlǜ miànqián rén rén píngděng. Dì èr, shāng rén dé pànzuì, wǒmen jiǎngjiù jiǎng fá fēnmíng, rúguǒ xùyì shānghài tārén, huì pànchū xiāngyìng de zuìzé. Dì sān, tōuqiè yě yào pànzuì, měi gèrén de láodòng chéngguǒ dōu yīnggāi dédào bǎohù hé zūnzhòng, suǒyǐ nàxiē xiǎng bùláo'érhuò de rén yě huì shōu dào chǔfá."

Liúbāng píngjiè zhè sān gè chéngnuò, shùnlì dì dédàole lǎobǎixìngmen de xìnfú, dàjiā dōu juédé liúbāng shì yīgè kěyǐ gěi tāmen xìngfú shēnghuó de rén, biàn gè gè dōu yǒnghù liúbāng, xīwàng tā néng liú xiàlái yǒngyuǎn de bìhù tāmen.

SURROUNDED BY DANGER (四面楚歌)

1	再来	Zàilái	Come again; request a repetition
2	插播	Chābō	Inter-cut
3	项羽	Xiàngyǔ	Xiang Yu, chief rival of Liu Bang
4	壮大	Zhuàngdà	Strengthen; expand
5	自己的	Zìjǐ de	Self
6	投靠	Tóukào	Go and seek refuge with somebody; go and live as a dependent
7	称王	Chēng wáng	Proclaim oneself king
8	接下来	Jiē xiàlái	Then; accept; take
9	讲述	Jiǎngshù	Tell about; give an account of; narrate; recount
10	俗话说	Súhuà shuō	As the saying goes; it is a common saying that
11	一开始	Yī kāishǐ	In the outset
12	那就是	Nà jiùshì	That is; That is to say; Someone
13	兵力	Bīnglì	Military strength; armed forces; troops; numerical strength
14	答应	Dāyìng	Answer; reply; respond
15	推翻	Tuīfān	Overthrow; overturn; topple
16	只能	Zhǐ néng	Can only
17	相互利用	Xiānghù lìyòng	Mutual utilization; common usage; use together
18	不容	Bùróng	Not tolerate; not allow; not brook
19	天下	Tiānxià	China or the world; land under heaven
20	只有	Zhǐyǒu	Only; alone

21	决定	Juédìng	Decide; resolve; make up one's mind; decision
22	命运	Mìngyùn	Destiny; fate; lot; fortune
23	垓下	Gāixià	Gaixia
24	包围	Bāowéi	Surround; beset; besiege; encircle
25	此时	Cǐ shí	This moment; right now; now; at present
26	十万	Shí wàn	One hundred thousand
27	大军	Dàjūn	Main forces; army
28	想要	Xiǎng yào	Want; intend; wish
29	一举	Yījǔ	With one action; at one stroke; at one fell swoop; at the first try
30	攻破	Gōngpò	Breakthrough; make a breakthrough
31	强攻	Qiánggōng	Take by storm; storm
32	两败俱伤	Liǎngbài jùshāng	Cause destruction to both sides; both sides suffer
33	智取	Zhì qǔ	Outwit; take by strategy
34	夜幕降临	Yèmù jiànglín	The night screen has hung down; in the evening, when darkness has fallen
35	四周	Sìzhōu	All around
36	熟悉	Shúxī	Know something or somebody well; be familiar with; have an intimate knowledge of; at home
37	歌声	Gēshēng	The sound of singing
38	围困	Wéikùn	Besiege; hem in; pin down
39	他们的	Tāmen de	Their; theirs
40	捉住	Zhuō zhù	Caught; get caught;
41	思乡	Sīxiāng	Think of one's home; homesick
42	涌上心头	Yǒng shàng	Come to mind; crowd in; well up

		xīntóu	
43	土崩瓦解	Tǔbēng wǎjiě	Crumble; be disintegrated; break up; collapse like a house of cards
44	连夜	Liányè	The same night; that very night
45	所剩无几	Suǒ shèng wújǐ	There is not much left
46	原来	Yuánlái	Original; former; in the first place
47	就是	Jiùshì	Quite right; exactly; precisely
48	谋略	Móulüè	Astuteness and resourcefulness; strategy
49	不费一兵一卒	Bù fèi yī bīng yī zú	Not needing a single soldier; without striking a blow
50	打败	Dǎbài	Defeat; beat; worst
51	军队	Jūnduì	Armed forces; army; troops; host
52	不得不	Bùdé bù	Have no choice but to; be bound to
53	实在	Shízài	True; real; honest; dependable; well-done

Chinese (中文)

这里我们再来插播一则关于刘邦和项羽的故事。上个故事我们讲到，刘邦为了壮大自己的实力而投靠了项羽，那为什么最后称王的是刘邦呢？接下来我们便来讲述原因。

俗话说的好，没有永远的朋友，只有永远的利益。刘邦和项羽也是这样的关系，刘邦一开始投靠项羽，是因为项羽能给他想要的东西，那就是兵力和物资。而项羽之所以会答应帮助刘邦，也是想借他的力推翻秦朝。

只能说他们两个是相互利用的关系，但是一山不容二虎。最后争得天下的只有一人，那就是刘邦，决定他们命运的一战便是垓下之战。

当时刘邦已经包围了项羽的军队，但是项羽此时还有十万大军呢，想要一举攻破他，也不是一件简单的事情。

刘邦知道如果强攻的话肯定是两败俱伤，只能智取。于是便有了接下来的一幕，夜幕降临，项羽的军队四周突然传来了熟悉的歌声。士兵们听了一会儿才反应过来这是他们家乡的歌曲。

被围困在此的士兵还以为他们的家人被敌人捉住了，顿时间，担忧之情和思乡之情涌上心头。这使得项羽军队顿时土崩瓦解，甚至还有士兵连夜逃跑，原本十几万的大军最后所剩无几。

原来这就是刘邦的谋略，利用楚歌，不费一兵一卒，便打败了项羽的军队，不得不说，这一招实在是高啊。

Pinyin (拼音)

Zhèlǐ wǒmen zàilái chābō yī zé guānyú liúbāng hé xiàngyǔ de gùshì. Shàng gè gùshì wǒmen jiǎng dào, liúbāng wèile zhuàngdà zìjǐ de shílì ér tóukàole xiàngyǔ, nà wèishéme zuìhòu chēng wáng de shì liúbāng ne? Jiē xiàlái wǒmen biàn lái jiǎngshù yuányīn.

Súhuà shuō de hǎo, méiyǒu yǒngyuǎn de péngyǒu, zhǐyǒu yǒngyuǎn de lìyì. Liúbāng hé xiàngyǔ yěshì zhèyàng de guānxì, liúbāng yī kāishǐ tóukào xiàngyǔ, shì yīnwèi xiàngyǔ néng gěi tā xiǎng yào de dōngxī, nà jiùshìbīnglì hé wùzī. Ér xiàngyǔ zhī suǒyǐ huì dāyìng bāngzhù liúbāng, yěshì xiǎng jiè tā de lì tuīfān qín cháo.

Zhǐ néng shuō tāmen liǎng gè shì xiānghù lìyòng de guānxì, dànshì yīshānbùróng'èrhǔ. Zuìhòu zhēng dé tiānxià de zhǐyǒu yīrén, nà jiùshì liúbāng, juédìng tāmen mìngyùn de yī zhàn biàn shì gāixià zhī zhàn.

Dāngshí liúbāng yǐjīng bāowéile xiàngyǔ de jūnduì, dànshì xiàngyǔ cǐ shí hái yǒu shí wàn dàjūn ní, xiǎng yào yījǔ gōngpò tā, yě bùshì yī jiàn jiǎndān de shìqíng.

Liúbāng zhīdào rúguǒ qiánggōng dehuà kěndìng shì liǎngbàijùshāng, zhǐ néng zhì qǔ. Yúshì biàn yǒule jiē xiàlái de yīmù, yèmù jiànglín, xiàngyǔ de jūnduì sìzhōu túrán chuán láile shúxī de gēshēng. Shìbīngmen tīngle yīhuǐ'er cái fǎnyìng guòlái zhè shì tāmen jiāxiāng de gēqǔ.

Bèi wéikùn zài cǐ dí shìbīng hái yǐwéi tāmen de jiārén bèi dírén zhuō zhùle, dùnshíjiān, dānyōu zhī qíng hé sīxiāng zhī qíng yǒng shàng xīntóu. Zhè shǐdé xiàngyǔ jūnduì dùn shí tǔbēngwǎjiě, shènzhì hái yǒu shì bīng liányè táopǎo, yuánběn shí jǐ wàn de dàjūn zuìhòu suǒ shèng wújǐ.

Yuánlái zhè jiùshì liúbāng de móulüè, lìyòng chǔgē, bù fèi yī bīng yī zú, biàn dǎbàile xiàngyǔ de jūnduì, bùdé bù shuō, zhè yī zhāo shízài shì gāo a.

LIU BANG SELECTING VIRTUOUS PERSON (刘邦选贤)

1	有一次	Yǒu yīcì	Once; on one occasion
2	高祖	Gāozǔ	Great-great-grandfather
3	征战	Zhēngzhàn	Go on an expedition
4	好久	Hǎojiǔ	For a long time; long
5	特意	Tèyì	For a special purpose; specially
6	留下来	Liú xiàlái	Remain; stay behind; leave behind; entail
7	乡亲	Xiāngqīn	A person from the same village or town; fellow villager or townsman
8	父老	Fùlǎo	Elders
9	宴席	Yànxí	Banquet; feast
10	宴请	Yànqǐng	Entertain; fete
11	热闹	Rènào	Lively; bustling with noise and excitement
12	突然	Túrán	Sudden; abrupt; unexpected; suddenly
13	听到	Tīng dào	Listen in; meet the ear; hear; notice
14	外传	Wàizhuàn	Unofficial life history; unauthorized biography; spread outside; tell others
15	争吵	Zhēngchǎo	Quarrel; wrangle; squabble
16	县令	Xiàn lìng	County magistrate
17	赶紧	Gǎnjǐn	Lose no time; hasten; run
18	告状	Gào zhuàng	Go to law against somebody; bring a lawsuit against somebody; file a suit; sue

19	店主	Diànzhǔ	Shopkeeper; storekeeper
20	设宴	Shè yàn	Give a banquet
21	没想到	Méi xiǎngdào	Have not expected or thought of
22	丝毫	Sīháo	The slightest amount or degree; a bit; a particle; a shred
23	善罢甘休	Shàn bàgānxiū	Leave the matter at that; be willing to let go
24	惊扰	Jīngrǎo	Alarm; agitate
25	陛下	Bìxià	Your majesty; his majesty
26	心里	Xīnlǐ	In the heart; at heart; in mind
27	滋味	Zīwèi	Taste; relish; flavor
28	听说过	Tīng shuōguò	Know of; hear of; know about
29	如今	Rújīn	Nowadays; these days; at present; now
30	无能之辈	Wúnéng zhī bèi	Useless person; stumblebum
31	只是因为	Zhǐshì yīnwèi	Just because; for no other reason than that; only that.
32	才能	Cáinéng	Talent; ability; gift; aptitude
33	立刻	Lìkè	Immediately; at once; right away; in the turn of a hand
34	案子	Ànzi	Long table; counter
35	惶恐	Huángkǒng	Terrified; fearful
36	皇上	Huángshàng	His majesty
37	造次	Zào cì	Rash; hurried; hasty; impetuous
38	硬着头皮	Yìngzhe tóupí	Brace oneself to do something; braving all rebuffs

39	平民	Píngmín	The populace; the common people
40	还有	Hái yǒu	There is still some left; still; furthermore; in addition
41	养活	Yǎnghuo	Feed; support; raise (animals); give birth to
42	之后	Zhīhòu	Later; after; afterwards
43	翻脸不认人	Fānliǎn bù rèn rén	Deny a friend; break old friendship
44	他的	Tā de	His; him
45	连忙	Liánmáng	Promptly; immediately; instantly; in a hurry
46	该当	Gāidāng	Deserve
47	返乡	Fǎn xiāng	Go back to one's native place; return to one's hometown
48	孝敬	Xiàojìng	Show filial respect for; give presents; piety; moral obligation to look after one's parents
49	贼心	Zéixīn	Wicked heart; evil designs; evil intentions
50	觉得	Juédé	Feel; be aware; sense
51	确实	Quèshí	True; reliable; demonstration; really
52	有道理	Yǒu dàolǐ	Be reasonable/plausible/convincing
53	怪罪	Guàizuì	Blame; complain
54	乡民	Xiāng mín	Villagers, country people
55	还要	Hái yào	Even/still more; still want to
56	等候	Děng hòu	Wait; await; expect
57	发落	Fāluò	Deal with
58	这时候	Zhè shíhòu	This time; at this point; At that

			moment
59	书生	Shūshēng	Intellectual; scholar
60	站出来	Zhàn chūlái	Step forward; step forward bravely; come out boldly
61	冤情	Yuānqíng	Grievance; facts of an injustice; gravamen
62	真相	Zhēn xiàng	Face; naked truth; truth; the actual state of affairs
63	颠倒黑白	Diāndǎo hēibái	Call white as black, and black whit; confuse right and wrong
64	想必	Xiǎngbì	Presumably; most probably
65	百姓	Bǎixìng	Common people; people
66	好过	Hǎoguò	Have an easy time; be in easy circumstances
67	所以	Suǒyǐ	So; therefore; as a result
68	可以	Kěyǐ	Can; may; passable; pretty good
69	证明	Zhèng míng	Prove; testify; bear out; certificate
70	需要	Xūyào	Need; want; require; demand
71	上来	Shànglái	Come up; begin; start
72	知道了	Zhīdàole	Got it; roger; I see
73	吩咐	Fēnfù	Tell; instruct; instructions
74	上铺	Shàng pù	Upper berth; upper
75	不一会儿	Bù yī huǐ'er	In a moment; in a little while
76	呵斥	Hēchì	Reproach; berate; excoriate
77	店家	Diànjiā	Hotel owner or manager
78	跪地	Guì dì	Kneel on the ground
79	求饶	Qiúráo	Beg for mercy; beg for one's life; ask for pardon
80	奇怪	Qíguài	Strange; odd; queer; surprising

81	不知道	Bù zhīdào	A stranger to; have no idea; I don't know; No
82	很简单	Hěn jiǎndān	Easy; simple
83	城里人	Chéng lǐ rén	Townspeople; city dwellers
84	平时	Píngshí	In normal times; at ordinary times; in peacetime
85	粮食	Liángshí	Grain; food; cereals; provision
86	排泄	Páixiè	Drain; excrete; let off; excretion
87	乡下人	Xiāngxià rén	Rural person; country folk
88	基本上	Jīběn shàng	Mainly
89	吃草	Chī cǎo	Graze; browse
90	一些	Yīxiē	A number of; certain; some; a few
91	排泄物	Páixiè wù	Dejection; discharge; excrement
92	验证	Yàn zhèng	Test and verify; checking; proving; testing
93	农家	Nóngjiā	Peasant family
94	大家	Dàjiā	Great master; authority
95	鼓起	Gǔ qǐ	Call up; muster up; pluck up; blowup
96	实在	Shízài	True; real; honest; dependable
97	小伙子	Xiǎohuǒzi	Youngster; lad; young fellow; young chap
98	能力	Nénglì	Ability; capacity; capability
99	就是	Jiùshì	Quite right; exactly; precisely
100	领导	Lǐngdǎo	Lead; exercise leadership; leadership; leader

101	安居乐业	Ānjū lèyè	Live a prosperous and contented life
102	生活	Shēng huó	Life; live; exist; livelihood

Chinese (中文)

有一次汉高祖刘邦外出征战，返回的途中正好经过沛县。想着好久没回家乡看看了，便特意留下来看看乡亲父老。

刘邦大设宴席，宴请乡亲父老，见者有份，这一天可热闹了。吃着吃着，突然听到门外传来了争吵的声音。

刘邦问这是何事，县令赶紧解释道，今早有个平民前来告状，说是一店主讹了他的鹅。但因为今天设宴，便没有及时处理，没想到他丝毫不善罢甘休，惊扰了陛下。

刘邦听了后心里很不是滋味，他早就听说过如今的沛县县令是个无能之辈，只是因为家里关系才能当上这个县令。

所以刘邦要县令立刻审这个案子，看他到底是怎么服务老百姓的，便让位于县令，令他把这个案件审查清楚。这让县令非常惶恐，他只是小小的一个县令，怎敢在皇上面前造次，但又不得不硬着头皮上。

那个平民说本想卖鹅换点钱，家里还有一家子人等他养活呢，可没想到这个店主收了鹅之后便翻脸不认人了，还说这鹅是他的。

县令听了连忙对那店主说，你抢霸村民的鹅。该当何罪？

没想到这店主丝毫不慌，反而不紧不慢地对县令说，早就听说了皇上要返乡看望我们，特意准备了二十只鹅，为的就是孝敬皇上，这刁民来我店里，便起了贼心，想要讹我的鹅。

县令听这店主一说，觉得确实也有道理，便转而怪罪乡民，还要把他抓起来等候发落。

这时候有一个柔柔弱弱的书生站出来，说此事有冤情。其实刘邦早就看出事情的真相了，这县令颠倒黑白，有这样的人做县令，想必百姓也不会好过。

所以刘邦让这位书生说下去，书生说他可以证明谁说的是真的，而谁又在说假话。只需要把鹅带上来便知道了。于是刘邦命人把带上来，并按照这位书生的吩咐在地上铺了一块布，不一会儿，书生便呵斥店家，你该当何罪？

店家立刻跪地求饶，承认了是他讹了这村民。刘邦感到很奇怪，不知道这书生是怎么判断出来的。他说很简单，如果是城里人养鹅，鹅平时吃的是粮食，排泄的是黄屎；乡下人养鹅，基本上都是吃草，而这块布上正是一些青绿色的排泄物，不就验证了这是农家人养的鹅吗？

大家都鼓起了掌，这一招实在是妙啊。刘邦看这小伙子很有能力，便让他当县令，这个人就是李良。在李良的领导下，百姓过上了安居乐业的生活。

Pinyin (拼音)

Yǒu yīcì hàn gāozǔ liúbāng wàichū zhēngzhàn, fǎnhuí de túzhōng zhènghǎo jīngguò pèi xiàn. Xiǎngzhe hǎojiǔ méi huí jiāxiāng kàn kànle, biàn tèyì liú xiàlái kàn kàn xiāngqīn fùlǎo.

Liúbāng dà shè yànxí, yànqǐng xiāngqīn fùlǎo, jiàn zhě yǒu fèn, zhè yītiān kě rènàole. Chīzhe chīzhe, túrán tīng dào mén wàizhuàn láile zhēngchǎo de shēngyīn.

Liúbāng wèn zhè shì héshì, xiàn lìng gǎnjǐn jiěshì dào, jīn zǎo yǒu gè píngmín qián lái gàozhuàng, shuō shì yī diànzhǔ éle tā de é. Dàn yīn wéi jīntiān shè yàn, biàn méiyǒu jíshí chǔlǐ, méi xiǎngdào tā sīháo bù shànbàgānxiū, jīngrǎole bìxià.

Liúbāng tīngle hòu xīnlǐ hěn bùshì zīwèi, tā zǎo jiù tīng shuōguò rújīn de pèi xiàn xiàn lìng shìgè wúnéng zhī bèi, zhǐshì yīn wéi jiālǐ guānxì cáinéng dāng shàng zhège xiàn lìng.

Suǒyǐ liúbāng yào xiàn lìng lìkè shěn zhège ànzi, kàn tā dàodǐ shì zěnme fúwù lǎobǎixìng de, biàn ràng wèi yú xiàn lìng, lìng tā bǎ zhège ànjiàn shěnchá qīngchǔ. Zhè ràng xiàn lìng fēicháng huángkǒng, tā zhǐshì xiǎo xiǎo de yīgè xiàn lìng, zěn gǎn zài huángshàng miànqián zào cì, dàn yòu bùdé bù yìngzhe tóupí shàng.

Nàgè píngmín shuō běn xiǎng mài é huàn diǎn qián, jiālǐ hái yǒu yījiā zi rén děng tā yǎnghuo ne, kě méi xiǎngdào zhège diànzhǔ shōule é zhīhòu biàn fānliǎn bù rèn rénle, hái shuō zhè é shì tā de.

Xiàn lìng tīngle liánmáng duì nà diànzhǔ shuō, nǐ qiǎng bà cūnmín de é. Gāidāng hé zuì?

Méi xiǎngdào zhè diànzhǔ sīháo bù huāng, fǎn'ér bù jǐn bù màn dì duì xiàn lìng shuō, zǎo jiù tīng shuōle huángshàng yào fǎn xiāng kànwàng wǒmen, tèyì zhǔnbèile èrshí zhǐ é, wèi de jiùshì xiàojìng huángshàng, zhè diāomínlái wǒ diàn lǐ, biàn qǐle zéixīn, xiǎng yào é wǒ de é.

Xiàn lìng tīng zhè diànzhǔ yī shuō, juédé quèshí yěyǒu dàolǐ, biàn zhuǎn ér guàizuì xiāng mín, hái yào bǎ tā zhuā qǐlái děnghòu fāluò.

Zhè shíhòu yǒu yīgè róu róuruò ruò de shūshēng zhàn chūlái, shuō cǐ shì yǒu yuānqíng. Qíshí liúbāng zǎo jiù kàn chū shìqíng de zhēnxiàngle, zhè xiàn lìng diāndǎo hēibái, yǒu zhèyàng de rén zuò xiàn lìng, xiǎngbì bǎixìng yě bù huì hǎoguò.

Suǒyǐ liúbāng ràng zhè wèi shūshēng shuō xiàqù, shūshēng shuō tā kěyǐ zhèngmíng shéi shuō de shì zhēn de, ér shéi yòu zài shuō jiǎ huà. Zhǐ xūyào bǎ é dài shànglái biàn zhīdàole. Yúshì liúbāng mìng rén bǎ dài shànglái, bìng ànzhào zhè wèi shūshēng de fēnfù zài dìshàng pùle yīkuài bù, bù yīhuǐ'er, shūshēng biàn hēchì diànjiā, nǐ gāidāng hé zuì?

Diànjiā lìkè guì dì qiúráo, chéngrènle shì tā éle zhè cūnmín. Liúbāng gǎndào hěn qíguài, bù zhīdào zhè shūshēng shì zěnme pànduàn chūlái de. Tā shuō hěn jiǎndān, rúguǒ shì chéng lǐ rén yǎng é, é píngshí chī de shì liángshí, páixiè de shì huáng shǐ; xiāngxià rén yǎng é, jīběn shàng dū shì chī cǎo, ér zhè kuài bù shàng zhèng shì yīxiē qīng lǜsè de páixiè wù, bù jiù yànzhèngle zhè shì nóngjiā rén yǎng de é ma?

Dàjiā dōu gǔ qǐle zhǎng, zhè yī zhāo shízài shì miào a. Liúbāng kàn zhè xiǎohuǒzi hěn yǒu nénglì, biàn ràng tā dāng xiàn lìng, zhège rén jiùshì lǐ liáng. Zài lǐ liáng de lǐngdǎo xià, bǎixìngguò shàngle ānjūlèyè de shēnghuó.

www.QuoraChinese.com

www.ingramcontent.com/pod-product-compliance
Lightning Source LLC
LaVergne TN
LVHW061959070526
838199LV00060B/4202